CB081638

paloma palacio

é sapatão e nasceu no subúrbio do Rio de Janeiro. Mestre em comunicação pela Universidade Federal do Rio de Janeiro, tem formação audiovisual e trabalha como editora. Codirigiu o curta *Preciosidade*, baseado no conto homônimo de Clarice Lispector. Publicou, junto ao coletivo Oficina Matéria Prima, *Antígona morreu e agora preciso falar com você* (2021) pela editora Urutau. Também publicou um miniconto na *I Antologia de Contos* (2022) da editora Ofícios Terrestres.

MÁQUINA ABSURDA, ABSOLUTAMENTE PATRIARCAL

paloma palacio

editora Urutau
primeira edição
2023

O —

editora Urutau

rua do cajú, 478,
jardim das cerejeiras
06724-015
cotia-sp (brasil)

rua manuel pacheco nobre, 128 - 5º esquerdo
2830-080
barreiro (setúbal)
portugal

[+351] 928053619 [portugal]
[+55] 11 9 4859 2 426 [brasil]

www.editoraurutau.com.br
contato@editoraurutau.com.br

[EDITORES]
tiago fabris rendelli & wladimir vaz
[COORDENAÇÃO DE REVISÃO]
debora ribeiro rendelli
[REVISÃO]
marcella sarubi
[DIAGRAMAÇÃO]
victor h. azevedo

© palacio, 2023.

dados internacionais de catalogação na publicação (CIP) de acordo com ISBD

P154m palacio, paloma
máquina absurda, absolutamente patriarcal / paloma palacio. - cotia : urutau, 2023. 100 p. ; 14cm x 19,5cm.

ISBN: 978-65-5900-465-2

1. literatura brasileira. 2. poesia. I. título.

2023-566 CDD 869.1
CDU 821.134.3(81)-1

Elaborado por Vagner Rodolfo da Silva - CRB-8/9410

sumário

PARTE II - ESTILETES E ESTILINGUES

Eu estou nua
eu estou viva
eu sou eu

Eu uso gravata
E, olhe, não foi barata

Adília Lopes

em memória da minha vó clea frazão palacio e
do meu vô joão maria palacio neto.

[prólogo]
a produção de memórias

estas estão proibidas
cessadas
em produzir

enquanto prescreverem os crimes
da vara da infância
e adolescência

PARTE I
MÁQUINA DE BALA E TROCO

Gastamo-nos apenas,
como meros bocados de sabão
onde os nossos pais cravaram
as suas lâminas de barbear.

Golgona Anghel

onde eu acendo

o sol
no alto
dos postes
fermentava
minha cabeça

as caixas de som da feira
                                        tocavam
                                        (*let's play that*) thank you, next

e eu precisava encontrar
                                        aquele hospital

tropeçava
em caixas, pedia
aos ambulantes:
uma coca-cola
por favor
não, um pastel
com guaravita
por favor

eu precisava então
caminhar

um pouco mais, pra chegar à
microlins
　　　　esquina com o tal
　　　　conglomerado
　　　　de árvores, sobre o qual
um prédio de vinte andares
inadvertidamente
crescia
com seus planos de saúde estancados
em outdoors
　　　　　　　　vendidos a 59,90

ali, finalmente vi passar
um corpo médico
　　　　extenso
entre galhos, galhofas e guirlandas
como se meu antebraço
esquerdo
　　　　preso por fios de energia
amortecesse
na hora

e eu vi passar também
aberto diante dos olhos
um esqueleto fresco de peixe
condecorado com ovas e vermes

a galerias
e galerias de distância
            entre mim   os caixões, os caixotes
e a caixa econômica federal.

desdaí, eu nunca esqueci

                    o isqueiro
com o qual fabrico hoje
meus cotocos de cigarro
no meio de uma avenida
movimentada
            em uma tarde
de muito vento
            ao meio-dia
entre as duas pistas da
            avenida
padre   roser

cinco de espadas

um dia
vi seu retrato na parede do meu quarto
mal colocada
ao lado de um avião na br 040
e uma fotografia do alberto garcía-alix
em que um quarto vazio se parecia pela metade
com um quarto vazio,   agora
talvez uma camisinha possa
ser usada como
o antitítulo de uma história
à diferença de um zangão
zanzando pelas minhas próteses
malas maçãs e mochilas
porque um zangão
não se parece com uma abelha
você me disse
abelhas têm um ferrão
veja
joguei fundo no google
qual a função das abelhas na divisão internacional do trabalho
com o site da CUT fora do ar
não se oferece
registro de nenhuma   ao voltar pro quarto

vejo um quadro
nefasto como o desenho de uma abelha
durante o acasalamento
o endofalo
fica preso e não o mel
ele se rompe
dentro
sobre as maçãs e as mochilas
as próteses   flutuam em voo, ampliando de tamanho
os olhos compostos
por olhos
decompostos
o cheiro forte de incenso   fosse de repente
uma das cinco pontas

esse é o verdadeiro desafio:
manter um quarto
vitruviano
em pé, à custa de
instrumentos fecundos de dança
como são as alças
de algumas estrelas

na praia sozinha à noite (2017), de hong sang-soo

kim min hee dorme

sobre a areia da praia
bonita, sozinha
à noite
depois de um longo dia

são os trabalhos

ir a hamburgo, talvez
ser sequestrada
por um homem insistente
à espreita
logo no primeiro plano da
primeira cena

mas você é atriz, kim min hee
deve ceder aos caprichos de
uma bela paisagem
afinal, não deve ser
tão ruim
quando lhe dirijo o olhar
tão doce, solitária —

morrer em contraste
com uma paisagem
tão bonita

no entanto,
antes de cruzar a ponte
kim min hee traz consigo
aquele gesto
tão estranho às mulheres
de sua família

recita versos em silêncio e
a solidão faz tremer os ossos
da clavícula

tenho medo de escrever mas
tenho um medo maior
de não escrever

das costelas às vezes sopram
urros de tanta dor
que lhe descem
pelas pernas, e ela pensa:
isso não é pra mim

então
graciosamente, kim min hee
desaparece

free britney spears

as pessoas
só escutam
o que quer
estou triste
qual a mensagem
que ela está tentando
nos mandar
o meio
rosadinho
vidro e meio
calma
hoje calma, fica calma
vazado
sai o leite
branco branca do canto
no canto da
boca
agora diz
gosta?
você gosta mesmo de mim?
com o dedo no
cu enfiado e o alvo
cruzado sobre a

testa
estou cansada
(larga desse braço)
gosto de ouvir você falar
dos meus bichinhos
de pelúcia
alto pelo telefone tipo
sangue salto beija
sapo pirulito viado
sapatão dá vergonha
alheia demais bebezinho
beberia
centenas de litros desse seu
você mente demais também
sabe que ninguém te ama
fica comigo
mas esquece esquece não esquece
o mais rápido possível
do teu peito
testa
testa agora se nós todos não temos
um peito, também

descargas elétricas

em casa, sem muito a acrescentar
decidi me cortar
um braço

a incisão devia ser perfeita
precisa
feriado no rio
de janeiro, teria de ser
são sebastião

pelas orelhas
me passaria um velho fio de
telefonema
uma malha de shorts
abertos marca esportiva
entre copos
de uísque e milkshake

quando a angélica dissesse, VAI!
me rasparia então as pernas
abrindo
ampla concorrência

com a velocidade de queda
do meu braço

concorreríamos a um prêmio
literário e do fundo
se dispararia em massa

a mensagem

*

minhas costas acolchoadas
despelando
caixas cascas e marchas
por bundas em motos envenenadas
como as que nos levavam pelas ruas
escuras sem cancela do bairrinho
em irajá
os gatos debaixo dos carros
carbonizados
nada regulava o tempo nessa luta
trocados os sais por pequenos amassos
e algum amortecedor
moral, quando instaladas as luzes
na varanda dos vizinhos
eu gostava da impressão
de ver se estávamos
sendo vistas

esperando o viço chegar nos meus braços

quando olho no espelho
essa cara torta decifrada
a cara pigmentada de alumínio
cimento branco e monóxido de carbono
  nos meus braços
            volto à fábrica
                votorantim

plataforma 06

tem um ponto
cego na pista de
pouso agora uma
placa que diz
saia saia agora
ainda muito pálida
às quatro da madrugada
sem um puto no estômago
embarcada
no arcabouço teórico
de filas e mais filas de
vacina
respira um pouco
agora sonha em
omnicídio: tapar
todos os orifícios
com uma peneira de
aço inoxidável
sobre duas tábuas rasas
de madeira
e, aí, bater em retirada
cair dos edifícios
tropeçar e cair

sobre os edifícios
voltar a bater
a cintura contra os
pregos na madeira os amigos
rever os edifícios
continuar o quebranto das coisas
ilícitas
se não forem ditas

mas o que me lembro é que comecei a ser alfabetizada pela minha avó, e acho que terminei o processo no jardim de infância que passei a frequentar, o Estrelinha Azul. era uma escolinha que ficava no final da minha rua. gostava muito de lá e, se fechar os olhos agora, ainda consigo lembrar do lugar com algum colorido.

*

experimentando uma fórmula
no banco
do carona, avancei umas ideias
regressei

tombei um pouco pro lado
dei de cara
com o steve carell e numa cambalhota

perdi os braços

minha garganta

as chispas o talho e as cercas
elétricas
abriam-se em flashs agora
sob meus pés
gargalos místicos
no pescoço de quem vê:
nascemos com uma pata atrofiada
no cérebro
dizia a carla diacov
assim lentamente se perfilava
o meu caráter de madeira

eu descia
e das bochechas, vertia
amarelo o equinócio
de um rancor
era tarde ainda
enquanto da boca já
escorria
lotado em cifras
o gosto agudo, ainda
amargo
da sua voz

acadêmica
adolescente quer dizer
encafifada lânguida
quer dizer
morta magra
incandescente
sem tetas
quer dizer: predominantemente
destituída
íngreme. árida. fúcsia

costuram-se clipes na barra das calças

onde um senhor pousa
suas unhas encravadas

ouvimos o tombo surdo de uma porta de ferro
prolongando-se pelas galerias de celas vazias
se fechando como um trema

boiam as camurças, os capacetes, as cutículas
pele morta vazada pelos dedos
calejados de tanto jazz nas bacias frementes

jorra aos borbotões, um cano estourado
de água podre
conhecida por seu esperma
e efeitos tranquilizantes

o sino da igreja não toca

estamos envolvidos por revista femininas,
dicas de masturbação, potes de creme e recortes
de jornal

muito úmidas, as portas relincham.
sobre o dorso das costas imprimem um frio metálico
comparado apenas a regimes de abertura política
na américa latina

a sua mão, em movimento descendente,
cobre os poros abertos com fitas e gazes, por fazer

uma alavanca é acionada na sala ao lado,
e uma alegria penetrante nos corta o espírito,
como o coice de uma égua

nos refastelamos com o queijo o nojo
a televisão e a braguilha ainda aberta
solta guinchos fraquinhos
de floresta

*

você aponta a pistola
que eu sempre imagino voltada
pra minha cara
com seus dedos indicadores
voltados
pra minha cara

um filete de sangue
escorre
pela gengiva e desata
em cartas, mochilas e alcinhas
de regatas mal lavadas
onde não tive tempo de me defender
do que me feriu
e não tenho o tempo
de me defender

então, que faço entre as porcas
penas parafusos
se ainda hoje me são decepadas
as pernas os pés
de galinha

preciosidade

com Clarice Lispector

a bem da verdade
não me encaixaria de novo
caso televisão
no corpo fosse
fixa

o olhar pularia as frestas
alargadas as ancas
das esquinas
pra adensar os passos
ao redor dos
seus filhos

são ruas extremas essas
de alta tensão
onde os sapatos, certo dia
iara e yuri me diziam
são sempre rotos
pela manhã

*

porque uma mulher boa é uma mulher limpa
e uma mulher suja pode ser, mas
deve tirar os sapatos de madeira antes de penetrar
um recinto, já que
sabe-se lá
não ser bem uma mulher. de fato
das vinte e oito mulheres que já foram
diretoras-gerais de alguma empresa da lista
Fortune 500, vinte e seis são casadas, uma divorciada, e uma
ainda precisa fingir demência. É o que conta o artigo do *El País*, que

a colaboração entre os sexos
é realmente uma importante ponte para
um futuro
em que os homens sejam menos inseguros
diante de suas esposas e enteadas
com seus diplomas chiques de universidade
pública, namoradas e perereca peluda que pula, pula
e pula
sobre papéis
de gênero e estantes empoeiradas. portanto
não se esqueçam: quando são apenas

mulheres
coaxam, se muito

passando pelo portão principal da escola, você entrava num pequeno jardim, onde vários tocos de árvore eram rodeados pela grama e algumas plantas domésticas, e neles era possível se sentar um pouco. mas se quisesse entrar no prédio, você subia uma estreita escada colorida, que dava pra uma porta de vidro. do outro lado da porta, ficava a primeira e a maior sala do Estrelinha Azul, onde eu tinha aula. à esquerda, você via uma profusão de carteiras escolares azuis e estantes de metal com papel cola tesoura cartolina, que se estendiam quase até o lado oposto da sala. lá ficava a mesinha da professora e, atrás dela, a moldura imponente do quadro negro, todo manchado de giz colorido. mas se você seguia reto, logo se deparava com o corredor principal da escola. o longo corredor do Estrelinha era margeado à direita pela mangueira centenária do vizinho, que se debruçava sobre o muro baixo do colégio, fazendo cair uma porção de folhas secas pelo chão. à medida que se andava pelo corredor, dava pra ouvir o som das folhas se quebrando debaixo dos pés. passava, então, à esquerda, pela entrada escura da sala de leitura, da incrivelmente iluminada sala de dança e de outras salas menores, onde as professoras merendavam, talvez, porque eu nunca soube o que tinha por trás delas. chegando ao final do corredor, você alcançava uma larga escadaria que te levava até os fundos do terreno. lá ficava o parquinho, meu lugar favorito no Estrelinha: um lote amplo, metade coberto, metade a céu aberto, onde as crianças podiam correr e brincar e subir e descer na boquinha da garrafa e conversar e comemorar aniversários também. minha lembrança mais remota é de estar em pleno ar, saltitando pelo corredor do Estrelinha. devia ser o início do recreio, e eu ia em direção ao parquinho — que, depois, quando a escola foi demolida, virou um grande espaço de salão de festas.

*

uma professora de ciências
com nome de casa e endereço de cordovil
fica com o ouvido colado à porta
à espera por coisas sofridas e banais
pra se dizer às comadres
da escola são joão batista

uma professora de inglês
secretamente escreve tragédias
lidas em jornais
transcritas em frases motivacionais
ao lado da seção de esportes antes
dos classificados

uma professora de português chamada
maria
passa na frente e dá lugar aos demais
não entende patavina a palavra
não encontra sintaxe
pra comunicar às crianças de colo
que não sente mais
as pernas

a professora de literatura organiza
a biblioteca clea frazão palacio
reformada há alguns anos
pelo governo estadual
dizia dos pássaros de bilac
que os alunos veem sobre as páginas
detrás das pálpebras
hoje todas amortecidas monetizadas
por apostilas de cursinho
em que as redondilhas do hino
não dividem mais espaço
com presilhas de papel e cartolina

nem na aula de educação física mais

uma professora de cálculo
esbarra à porta
com o português da vendinha
troca palavras vascaínas
como teto e sala
sendo o espaço entre eles
o casamento
gerando filhos e filhos em torno da mesa
as saias se agarrando em todas
as crianças
ao mesmo tempo dispostas
em fila indiana

uma professora de história então
entra na sala

e com seus braços de giz e pele muito retesada
sai de sala

*

a caminho
do shopping boulevard
sob o viaduto da 25
em duque de caxias
eram três quatro minutos subindo
escutei uma conversa
ela lhe dizia
fiz umas vinte vezes já
perdi a conta
a outra não entendia
os esbarrões de quem andava
junto ocupando toda a via
mas como vinte?
assim é a vida, ela repetiu
respondia com um sorriso
no lugar do rosto, não
era uma garota mas
ainda
não era uma mulher

meu peito cresce

murcha
como os cigarros
que fumei
antes
por outros motivos

not a girl, not yet a woman

através do para-brisas
vejo amigos se despedindo
visto o corpo leve o tecido
volátil
estou recebendo mensagens
em efeito contínuo

as unhas me doem
e os resultados disso
são placas de sinalização sem acento
pequenas trocas de marcha
pixos de acetona
violeta no estofado
sobre o banco do carona

na garupa

um motociclista ao se levantar
ergue das costas
a bunda
partida, uma mochila
com estampa militar

onde a papelada
do divórcio gratuito
online
passa anunciado
por esquemas de pirâmide
nos sites de pornografia
infantil
da internet profunda

*

Nos tempos de escuridão
Também há de se cantar?
Também há de se cantar:
Os tempos de escuridão.

BERTOLD BRECHT, 1939

supressão do dia em que te contaria
sobre o departamento de justiça norte-americano
toda a fumaça e a poeira branca
da inteligência militar
dada a face
longa, gradual e telegráfica
dos nossos
erros de cálculo

por isso, quando eu canto
não importa o tom
são eles ainda que me batem
quatrocentos e trinta e quatro vezes os nomes em fitas
cassetetes: desaparecidos ou mais
datilografados
contra esse vento tanto gostar de você

talvez nascesse de novo enfim, chocada
das palavras a serpente
sobre elas suas pálpebras
aguçadas de réptil

muitas, sobre muito
essa vontade imensa de preá

*

o terminal rodoviário
novo   rio
vans carros e trens na central
as plataformas do brt
alvorada

fim de tarde preso
na faixa
preferencial endereço
avenida brasil
na altura do ceasa

(acho que las máscaras de fumaça
ponen la gente crazy
doidão
pra dormir
comovidos como o diabo)

a casa e o mundo

1.

antes
sobre os edifícios
desovavam aves

urubus penetravam
a carne delas

abriam-se espaços
às formas sutis
talvez, de me mostrar *bonita*

eu estava em construção

2.

bom,
agora estou aqui
com as mãos
sujas de jabuticaba
os gritos histéricos do bruninho
ecoando pela sala

porque eu não,
não tinha como falar

3.

venho te esquecendo às vezes
por vias expressas
de sentido, posto que
não é mais preciso de
cutículas

por fora, o cotejo
de quatrocentos e trinta e quatro
mortos ou desaparecidos políticos
me paralisam os músculos.

respiro através
dos regimes
de abertura política

e esse filme
que simplesmente não termina?
você que me tratava tão bem
eu acho

4.

entenda

por favor, entenda então
o espaço
entre mim e as coisas
entre
ter conquistado essa distância
que me preserva
a pança, o estrago
e a delicadeza em comparecer
por vezes
à nossa relação

um estado confederado
por traças e bolhinhas
de sabão

animada com o recreio, eu saía disparada da sala de aula, saltitando enquanto corria. mas quando passei pela sala de leitura, escutei um choro baixinho vindo de lá, que me assustou e me fez parar. entrei na sala preocupada, devia ter uns cinco anos de idade, eu acho, e encontrei o Paulo. ele estava em pé, *de costas num canto, diante da pequena estante de livros. lembro do Paulo porque me falavam que ele gostava de mim e eu entendia isso um pouco porque ele implicava com praticamente todo mundo da escola, colegas, professoras, mas nunca tinha coragem de trocar mais de duas palavras comigo, e, quando trocava, nunca me tratava mal. então eu gostava dele também, mas como gostava de todo mundo nessa época, dos meus colegas e professoras. tinha pena do Paulo, porque achava que as pessoas não se esforçavam pra entender ele muito bem.*

te ensinei a jogar pedras

encontrava umas palavras
pedregulhos
valia a pena jogá-las

pendurar sobre a imagem
as cores tocadas
pelo sol enquanto seca

valia interceptá-las
como pedaços de lã e aviõezinhos
de guerra

fosse o início dos tempos
te ensinaria a comer
com as mãos
sempre atadas ao mesmo espaço

em arremesso livre
às voltas da cintura
medidos os coturnos
em torno das ideias avulsas

nessa época, guardávamos aranhas
casacos cascas de laranja
carapaças sem prestar atenção
às queixas

e quando se fechava a porta
nos tornávamos novamente
os frascos
a olhar novamente
as pessoas

*

acima de tudo
os telhados
de zinco carcaças pupilas
as pipas
um amontoado de bicicletas tábuas
defraudadas de civilizações passadas

assim é o brio, assim se sente
a coragem, você me disse

dos nossos bolsos penderiam
cansados os pedregulhos
não se sentiria a luz, não fosse
a fome, eu você
e o canivete da cecília pavón

apenas um feixe de calor
atiçaria ainda
a luz

nada mais toca-discos

por cima das pipas, as pupilas;
por baixo delas
as bicicletas

então quando vi o Paulo sozinho na sala de leitura, me aproximei e perguntei se estava tudo bem. ele respondeu baixinho, meio escondendo as lágrimas. estava muito chateado, devia estar de castigo. fiquei com ele um pouco na sala escura, tentando ser alguma companhia. depois saí, porque o recreio já devia estar acabando e eu não sabia se fazia bem em estar ali. lembro dessa história porque as pessoas diziam isso da gente: Paloma era a menina inteligente e o Paulo o garoto-problema.

*

preciso de quinze minutos pra pensar
mas essa não é a palavra

PARTE II
ESTILETES E ESTILINGUES

da lâmina que colhe
no tronco seu látex
(...)
também se faz um dicionário

Prisca Agustoni

decupagem de *je tu il elle*

Preciso voltar e olhar de novo aqueles dois quartos vazios.

ANA CRISTINA CESAR

a parede verde, azul
recolocada
entre omoplatas rígidas, muito rígidas

03:40 corte da cabeceira
escapa
para o outro lado
a câmera acompanha
mas não dá tempo

ela salta

06:38 no topo
pro lado
embaixo
do quadro
em *fade*
ela escreve 08:57
ocupa o quarto, inteiro

12:01 um buraco na parede

15:15 o layout das covinhas
pingentes
sobre nádegas

26:00 uma bundinha

:59 eu passo, do outro lado
habitué

37:47

as ruas sinuosas

por escrever

faz 47 segundos desde que você saiu de casa

devo notar
isso não me diz respeito

a cena toda

se fizesse, naquela época
teria um pedaço de papel pardo
verde, colado às costas

45:05 à vista

isso, devagar

50:50
conduzida ao cômodo

seguinte,
o bico
já caído
do mamilo
a sombra dura em
01:15:16

a gente era bem pequeno, então duvido muito que as coisas fossem simples assim. eu não era quase nada e ele também não, imagino. a família do Paulo enriqueceu depois, e a minha continuou mais ou menos na mesma. ainda via ele andando pela rua de cima pra baixo às vezes e parecia ter crescido tão bem quanto era possível crescer. eu sempre lembro dele como um menino muito delicado, mas com bastante raiva do mundo. me pergunto como ele lembra de mim, se é que ele lembra. soube há pouco tempo que o pai dele morreu e pensei na sala de leitura. assim como naquele dia, gostaria de poder ficar lado a lado em silêncio mais uma vez. sem qualquer razão ou propósito, como uma boa companhia deve ser. eu, afinal, também aprendia o que era perder uma pessoa. acho que também precisava de alguém.

*

confessei à minha vó que tinha um amor
ela, pregada às paredes com as mãos me disse
que tinha um segredo
ela guardou
como um origami de quatro pontas
a toalha de mesa, e me serviu
um bolo francês
cravejado de fios de nós e balas

então, quando fazemos aniversário
dizemos uma pra outra
mostrando apenas os dentes
"nós gostamos de andar
gostamos de andar
gostamos de lamber feridas
e de conversar"

*

no banheiro do shopping carioca
em vicente de carvalho
que ficava antes
na saída do cinema
você podia encontrar:

famílias pobres crianças
mortas, parentes vivos desconhecidos
amigos ficantes calças jeans favelados enrustidos
mães solo — com e sem casacos de frio, casais
jovens mãos bem asseadas, mulheres
divorciadas, tios conhecidos saias
rodadas fitas viúvas justas pouco
papel higiênico daminhas
de honra
e madrinhas de casamento

*

se você parar de lamber as quinas das portas
abraçar as dobradiças
com a saia
sem chorar quando acaba
espalhar a língua pelo meu escritório
deixando um rastro de celular
preso na mão
como foi da outra vez
me corrija se estiver errada
mas talvez
eu possa te amar

certas visões divergem da retina
como num sonho pesado
no piccadilly
um maço de cigarro, por exemplo
no lugar da sua cara
fica assim:

— não é possível
que não esteja ouvindo

a campainha;
enquanto conversam,
as toalhas de mesa entre si:

— vão te trazer felicidade?
— quando souberem de um café à tarde
virão me visitar?

mas como posso lhes tratar tão bem
se me sobraram as mãos
e nas mãos tantos
mas tantos
estiletes

*

quando escovo os dentes
ouço o pinball metálico
dos acontecimentos tipo
panela de azeite queimando

lembro do verão mtv e das páginas
amarelas dos livros de história
do colégio quando stalin
era feio e mao contava estrelas

não era possível que as árvores
crescessem tão rápido
pra todos os lados, como dizia o frederico
mas cresciam

a classe média tinha mais carros
e os espaços vagos nos estacionamentos
disputavam espaço com engradados
e engradados de cerveja dos bares

enquanto a rádio tocava
uma do felipe dylon

a disney inventava pássaros
pra vender mais brinquedos

mas os espelhos blindados
do último andar do shopping
decolavam
mais rápido

quando se subiam as saias
tomávamos cuidado com as escadas
ainda que as carnes que jogássemos aos cães
nos filmes

voltassem magicamente
pras nossas mãos
era um filme de terror! —
uma aventura também

josé à porta

escancarada, como uma faca
tarde de conversa à parte, algum café
a doçura vigiada
de fundo
comparado o tamanho
das nossas xícaras

medimos com um risco
na madeira aqui
as novas alturas, parece

não querer mais
desmascarar ou interpretar, mas
ficar apenas
agarrado ao toque
da primeira revista de colorir
que você me deu
a suavidade
sua caça implacável por dias
rumo a um sonho
mais nítido
pudera

ver ao lado
uma pintinha que foge
agora do seu rosto
de novo
os olhos já dissolvidos
em açúcar mascavo

porque não paro de te encontrar à porta
pra te dizer que só liguei —

sua cara lívida
de telefonema

a máquina tá toda errada

ela funciona mal
eu achava que funcionava
por dentro mas
pra fora é outra coisa
a máquina funciona
ao contrário
mói tudo que vem
depois
e trabalha ao contrário

ela precisa de nós
nós não precisamos dela
a máquina funciona
do contrário, mói tudo
que veio
antes da máquina

depois o poema

*

sonhei que vivia
a degolar galinhas
sustando a polpa das vísceras e lambendo os dedos
(*seus olhos escancarados, sua boca dilatada*
suas asas abertas
incansavelmente fatia sobre fatia

eram atribuídas à noite
um mundo de palavras penetrantes
que nos feriam o corpo de dia, incidindo sal
sobre pontos de corte
desfeitos à mesa
durante o jantar

*

fios elétricos em manutenção
calce os sapatos novamente

meu avô

sentado sobre as dobras do sofá
com a camisa do vasco
alisando as marcas de domingo
que ostentava no anelar
como os bicheiros

meu avô
se cobria de paletós
perfumes caros tons pastéis
um pente fino
que combinava o bigode
com as mechas lisas e grisalhas
do seu rosto meio árabe
meio poroso

meu avô
dirigia uma picape creme
da cor do sorvete que minha mãe gostava
carregava no lombo carregamentos
de frutas frescas do ceasa
só pra me agradar

meu avô fugiu de casa quando
tinha catorze

vinha de campo grande
deixava o carlton
o carlton o dunhill o carlton
esquentar sob o parabrisas
mas não se atrevia mais a fumar na minha frente
desde quando lhe disse, meio contrariada
com as costas das mãos apoiadas
no banco do carona
— olha a fumaça, vô...
meu avô não queria me entregar
bonecas barbie remela gelecas massa
corrida no lugar, me deu
essas mãos

e com um revólver de brinquedo
saí atirando
nessa época, tinha a milícia
pelas redondezas do mendanha
você dizia à minha vó que era até bom,
porque em polícia
se podia
confiar

engraçado, meu avô
nem disse adeus ao general
quando foi embora

mandou apenas lembranças
à sua mãe
e foi embora

a pele ardia lenta ainda
nele ia também o general
testando cortes mais profundos
numa banheira
mais oculta
de sal
como os bons modos domésticos
do estilo militar

eu tinha catorze anos quando meu avô
me levou a um grande almoço de família
regado a primos distantes e muita coca-cola
em cascadura
o curto abraço dado nas minhas tias
estabelecia as distâncias
no caminho
paramos numa churrascaria
à beira da estrada
onde comemos cerejas fraldinha farofa e ovo frito
e lá ficamos a tarde toda
meu avô e eu

a dutra no fundo o chiado da televisão
abertas as cortinas da sala
as pregas das saias sobre as mesas

em companhia
dos caminhões e dos caminhoneiros
que passavam por ali

*

ainda há luz na varanda
depois de um dia
amarelinho
sobre o concreto ainda
há luz na varanda

debaixo da rede
havia um trançado
de palha a caminhar
debaixo
as formigas

do avesso
uma camiseta estirada
contra o vento
no varal
fazia pensar em

caminhadas
ainda que fosse dia
era tarde
                avançava
no quintal, as lamparinas

minha mente variava
de ponta-cabeça
sob a rede
                    próxima
a jabuticabas em flor

arqueadas pra trás
como se fossem fios
de cabelo
como se lesse ontem
pela primeira vez, as meninas da lygia

uma tradução de "eco tardio", de john ashbery

a sós com nossa maluquice e flor favorita
se vê que realmente não nos sobrou nada que escrever
ou ainda, se vê que é necessário escrever sobre as mesmas coisas
de antes
do mesmo jeito, repetindo ao mesmo tempo e não de novo
pra que se continue pouco a pouco diferente

colmeias e formigas têm de ser reexaminadas
continuamente
e a cor do dia posta dentro delas
centenas de vezes varia de inverno a verão
pra que se vá mais devagar, ao passo de uma autêntica
zarabanda y
aconchegar-se lá, viva e descansada

só então pode a crônica desatenção
de nossas vidas se descortinar, conciliadora
com um olhar sóbrio sobre aquelas sombras de pelúcia
largas e bronzeadas
que apelavam tão profundamente ao nosso conhecimento
de nós mesmos, hoje
engrenagens falantes dos dias

não, nós não assistimos mais televisão

então nos encantamos de novo
quando tocam uma nota só
ao longe, com alguma
            energia

os vaga-lumes

à medida que a rua do riachuelo
toma conta dos filhos
ser o aro da bicicleta
cantando roda
com todos em volta
das mesas, saias e cortinas no nanam
os garçons ainda em crise
de chamar sobrinhos os filhos
dos outros

só isso me pouparia dez anos
de breja, cigarro e comida congelada
as ambições que voariam
feito drones sobre nossas cabeças
desabrochando caixas e caixas
de presentes sonhados e tardes de aerossol
ao lado do vapor os corpos
torrados de manchas
de pele e dedos dos primos
e filhos de amigos

em casa no banheiro grande
embaixo

das marquises protetoras de todos
encontraríamos
nossos vincos, ataduras e latarias

*

uma parte de você
quando perdoa
sua mãe regenera em flor

*

minha irmã adorava melancia
chupar o suco feito água da fruta
não era fruta, era
um docinho
com aquela chatura
de ter de cuspir uma a uma
as sementes
às vezes me deixava
escapulir alguma
que engolia com dificuldade
e algum prazer

nisso eu imaginava que
quando fosse adulta
podia brotar dentro da barriga
uma flechinha pontiaguda
que nos dividiria ao meio
a melancia

e assim a fruta cresceria entre nós
expandindo nossos braços
acrescentando uma forma

àquilo que chamávamos
fazer sala

onde no fim restava só
nossas peles
descascadas de sol

*

fios elétricos
em manutenção

calce os sapatos
novamente

onde fica a casa do meu amigo (kiarostami, 1987)

Era alvorada quando o cavaleiro perguntou.
O céu fez uma pausa.
O passante tirou o ramo de luz que trazia nos lábios, ofereceu para a escuridão das areias,
com o dedo apontou um álamo e disse:

Sohrab Sepehri

uma criança passa correndo pela câmera
leva um caderno debaixo do braço
passa correndo
porque é urgente seguir até o fim
dessa rua
a dois passos da flor, a voz
e debaixo da terra,
a mensagem
que nunca chega aos ouvidos adultos
enterrados no céu com palavras
deveres, tradição e disciplina
que não comunica

a flor então cresce
aos ouvidos antigos de um artista
que, como o menino, precisa percorrer
os becos e vielas íngremes de poshteh
para abrir caminho
entre as páginas transparentes
dar forma ao medo e, assim

perfazer
com seus entalhes geométricos
em adobe, imitando as passadas
portas e janelas de um filme
a paisagem

quando cai a noite sobre o menino
vem à boca do velho artista
o nome de outro menino
forma-se assim o esboço de um ninho
em torno da educação que damos
aos nossos filhos
afinal
requer ventania e alguma resistência
percorrer o tempo de um filme

nisso, o menino e o velho
desaprendem lentamente a caminhar
e na sala escura do cinema
ficam apenas os cadernos copiados dos amigos
de amigos que vivíamos copiando nas páginas
dos cadernos de cadernos de colégio
de nossos amigos

*

se um dia eu escrevesse versos
            poderia cantar fados e cantigas de ninar
mas não escrevo e seco
a pele dos braços no vento
enquanto passo,
            a padaria
passa o padeiro

*

meu pai, colérico
minha mãe exausta
meu irmão mercúrio
esta chanson d'amour
meu avental

o mundo e a casa

coser às partes
gestante que foi
não desossar os melões
traçar escarpas, seus braços
a tênue linha
das maçãs

fazer lembrar aos colibris os sete
as sete flechas
com olhos semicerrados
de tão niños
como são as massas frescas de pão
pela manhã: então a cura
cítrica e doce
da erva daninha

doar às flores as trepadeiras
sentadas as filhas
na soleira das portas de
concreto e gesso
tomando sorvetes de creme
fazendo parir aos montes
as colinas

*

uma galinha
cocar
numa moderna várzea
gigante
numa cisterna
que a vomitará
pra outra margem
num só jato
fulminante

uma galinha
transcendental
só
de calcinha

uma galinha
bem cisca
em pé
sobre as duas coxas
de galinha

uma galinha
à deriva

sobre uma placa
continental amazônica
escrita

uma galinha que
nem volta de si
nem sai do lugar

e nem se fosse dado às fêmeas
cantar
ela
cantaria

*

eu vi os olhos da minha avó brilhando
ao lembrar do meu avô
gosto de pensar que nasci assim
de um grande amor
que não deu certo
de uma grande amizade
que atravessa o tempo

meu avô ainda fala comigo às vezes
minha avó, nem tanto
mas esse brilho
hoje eu vou guardar
nesse poema

vejo no retrovisor

por que essa luz reflete tão forte
nos plásticos no encosto do carro
formam uma auréola maior
as luzes refletem em mim
olho pro sol através do vidro blindado
sobre a janela traseira onde recosto
essas palavras no celular
gosto muito que seja assim
o calor no meu colo
nu sobre meu rosto
o sol redondo pra onde olhar
direciona o que não deveria ver
com tanta facilidade
pela manhã

*

me falta
a língua de
manhã para
decifrar esses laços

■ primeira edição
■ março de 2023